संजीव कपूर

एनी टाइम टेम्प्टेशन श्रृंखला

मांसाहारी स्नेक्स एण्ड स्टार्टर्स

www.sanjeevkapoor.com

एनी टाइम टेम्प्टेशन श्रृंखला

संजीव कपूर

मांसाहारी स्नेक्स एण्ड स्टार्टर्स

www.sanjeevkapoor.com

अल्योना कपूर के सहयोग से

Popular Prakashan
www.popularprakashan.com

राजपाल

पॉप्युलर प्रकाशन प्रा. लि.
३०१, महालक्ष्मी चेंबर्स
२२, भुलाभाई देसाई रोड
मुंबई ४०० ०२६

प्रथम प्रकाशन : २००७
प्रथम पुनर्मुद्रण २०११

ISBN 978-81-7028-967-8

भारत में मुद्रित
रेव इंडिया
A-२७, नारयणा फेस II, नई दिल्ली

प्रकाशक
हर्ष भटकल
पॉप्युलर प्रकाशन प्रा. लि.
३०१, महालक्ष्मी चेंबर्स
२२, भुलाभाई देसाई रोड, मुंबई ४०० ०२६

सह-प्रकाशक
राजपाल एण्ड सन्ज़
कश्मीरी गेट, दिल्ली - ११० ००६
website: www.rajpalpublishing.com
e-mail: mail@rajpalpublishing.com

समर्पित है

यह किताब खाना-खज़ाना के तमाम पाठक और
मेरे परिवार और मिश्रगण को समर्पित हैं
जो मुझे हर वक्त सतत अपना सहयोग देते रहें ।

पाठकों के लिये सूचना

मेरे लिये स्टार्टर मतलब सिर्फ चिकन टिक्का या पनीर पकोड़ा नही हैं । मेरे यह इससे भी कुछ ज्यादा हो सकता हैं । मेरे लिये वह स्टार्टर परफेक्ट हैं जो आपके स्वाद के कलि को पर्याप्त मात्रा में खिलने पर मजबूर कर दें जिसे प्रमुख भोजन बाद में और भी ज्यादा स्वादिष्ट बन जाये । इस बात पर कोई भी हँस पडेगा क्योंकि, अक्सर ऐसा नहीं होता हैं । स्टार्टर से ही पेट इतना मर जाता हैं कि तब प्रमुख भोजन सिर्फ औपचारिक मात्र बन जाती हैं या फिर कई बार बर्बाद भी होता हैं ।

मांसाहारी स्नेक्स एण्ड स्टार्टर्स ये संग्रह सिर्फ रसिली ही नही बल्कि रोमांचकारी भी हैं । यह पुस्तक एनी टाईम टेम्पटेशन श्रृंखला का ही एक भाग हैं । सारे व्यंजन इसमें से लेकर अलग किये गये हैं । हमारे पास चुटकी भरे (चटाखेदार) टेक्स मेक्स चिकन विंग्ज जो लड़ सकता हैं आंतर्राष्ट्रिय मान्यताप्राप्त तंदूरी चिकन से और वैसे ही बेहद प्रसिद्ध चायनीज़ क्रिस्पी वॉण्टन्स और चिली चिकन से ।

उनके लिए जो स्वास्थ्यकर और अच्छा स्नैक्स चाहते हैं या पसंद करते हैं, उनके लिये पारंपारिक कीमा पाव से बेहतर कुछ नहीं हैं । पोटली सामोसा और कीमा फ्रॅन्की में मसले

हुए माँस का अच्छा उपयोग होता हैं । यदि बाहर बारिश हो रही हो तो एक कप गरमा-गरम भाप निकलती हुई चाय के साथ प्लेटभर स्वादिष्ट अंडा और मेथी पकोड़े खाईये । और भी मज़ा आयेगा यदि आप चिकन गोल्ड कॉईन जिसके बाहरी सतह पर तिल लगी होती हैं, भूख बढ़ा देती हैं ।

समुद्री भोजन प्रेमियां को हमारे महान लिस्ट में स्वादिष्ट प्रॉन्स और मछली; फ्राईड या ग्रील्ड इनमें से चुनाव करते वक्त काफी मुश्किलों का सामना करना पड़ता हैं । अमृतसरी मछली पहली बार खानेवाले को ललचायेगी ही जैसे आपको ललचाती हैं पाई । यदि आप कुछ काल्पनिक (fancy) व्यंजन खाने के मुड़ में हैं तो आप क्रन्ची कोरिएंडर पाम्फ्रेट (Crunchy Coriander Pomfret) या ओपन स्टीम्ड डम्पलिंग्ज (Open steamed Dumplings) का चुनाव कर सकते हैं ।

ये सारी व्यंजन चार व्यक्तियों को परोसे जा सकते हैं ।

ऋणनिर्देश

आदिती मेहता
अनिल भण्डारी
अफशिन पंजवानी
अनुपा दास
आनंद बंडिवाड
उमा प्रभु
ए. आय. काझी
कॅप्टन के. के. लोहाणा
गणेश पेडणेकर
ग्रेन ऑफ सॉल्ट, कलकत्ता
जयदीप चौबळ
जिजशे गंगाधरन
ज्योत्स्ना एवं मयूर द्विवेदी
तृप्ता भगतजी
दि यलो चिली, जालंधर
दि यलो चिली, लुधियाना

देबाशीष सिकंदर
नम्रता एवं संजीव बहल
नीलिमा आचार्य
नीना मुर्डेश्वर
पूजा एवं राजीव कपूर
ब्रिजेश लोहाणा
डॉ. मीना आणि राम प्रभू
मेघना सावंत
रजनीश शर्मा
राजीव माटा
रुतिका समतानी
लोहाणा खानदान
शिवानी गणेश
सुनित पुरंदरे
स्मिता भटकल
स्वप्ना शिंदे
हरपाल सिंह सोखी

अनुक्रमणिका

टंगड़ी कबाब

सामग्री

चिकन लेग ८
नींबू का रस .... १ टेबलस्पून
अदरक .... एक इंच का टुकड़ा
लहसुन .... ६ कलियाँ
हरी मिर्च ४-६
स्किम्ड दूध का दही .... १ कप
बेसन .... २ टेबलस्पून
हल्दी पाउडर .... १ टेबलस्पून
गरम मसाला .... १ टी स्पून
लाल मिर्च पाउडर .... १ टी स्पून
नमक .... स्वादानुसार
चाट मसाला पाउडर .... १ टी स्पून
नींबू की कतरन .... सजावट के लिए

विधि

१. अतिरिक्त चरबी और चमडा को हटाते हुए चिकन लेग को अच्छी तरह साफ कर लें। मुलायम और साफ किचन टॉवेल से उसे अच्छी तरह सुखालें । चिकन लेग पर तीन-चार गहरा-लंबा चीर लगाकर उसपर नींबू का रस लगायें और अलग रख दें ।

२. अदरक और लहसुन को छीलकर साफ कर लें और पेस्ट बना लें ।
३. हरी मिर्च का डंठल हटाकर साफ कर लें और बारीक काट लें ।
४. दही को साफ बारीक कपड़े में १५-२० मिनट तक लटका दें ताकि उसका पानी निकल जाए ।
५. नॉनस्टिक पैन में धीमी आँच पर बराबर चलाते हुए बेसन को भूनें । ठंडा करें और उसमें दही, अदरक और लहसुन का पेस्ट, हल्दी पाउडर, गरम मसाला पाउडर, लाल मिर्च पाउडर, नमक तथा बारीक कटी हरी मिर्च अच्छी तरह मिलाएं ।
६. अब उपर्युक्त मिश्रण को चिकन लेग में लगाकर फ्रिज में एक से दो घंटे के लिए छोड़ें ।
७. सींक में लगाकर चिकन लेग को तंदूर पर धीमी आँच पर पकायें या फिर पहले से २२०° सें. पर गर्म अवन में पाँच मिनट तक पकायें । आँच को १८०° से. पर फिर १५ से २० मिनट तक पकायें । चिकन लेग को एक-दो बार उलट कर देख लें कि वह अच्छी तरह पक गया है और लाल हो गया हैं ।
८. चाट मसाला छिड़ककर और नींबू की करतन को सजाकर उसे गर्मागर्म परोसें ।

टंगड़ी कबाब

मुर्ग के शामी

सामग्री

चिकन कीमा .... ६०० ग्राम
चना दाल .... १/२ कप
अदरक ....२ इंच का टुकड़ा
लहसुन .... १० कलियाँ
प्याज .... २ मध्यम आकार के
ताज़ा धनिया पत्ती ..... १ १/२ टेबलस्पून
ताज़ा पुदीना पत्ती ...... १ १/२ टेबलस्पून
नींबू का रस .... २ टी स्पून
तेल ....तलने के लिए

जीरा .... १/२ टी स्पून
धनिया .... १/२ टी स्पून
काली मिर्च ५-६
बड़ी इलायची ३-४
लाल मिर्च पाउडर .... १ टी स्पून
गरम मसाला पाउडर ...... १/२ टी स्पून
जावित्री और छोटी इलायची पाउडर .....
.... १/२ टी स्पून
नमक .... स्वादानुसार

विधि

१. चिकन कीमा को धोकर पानी को पूरीतरह निकाल दें । चना दाल को कम से कम तीन घंटे के लिए पानी में फूलने दें ।
२. अदरक और लहसुन को छीलकर धो लें और बारीक काट लें । प्याज को छीलकर धो लें और अच्छी तरह काट लें । धनिया और पुदीना पत्ती को धोकर काट लें ।

३. भराई के लिए कटे हुए प्याज, धनिया पत्ती और पुदीना पत्ती को नींबू के रस में मिला लें । इस मिश्रण को सोलह बराबर हिस्सों में बाँटकर अलग रख लें ।
४. दो बड़े चम्मच तेल पैन में गर्म करें । उसमें जीरा, धनिया, काली मिर्च, बड़ी इलायची को डालकर चलाते हुए मध्यम आँच पर आधा मिनट भूनें । फिर कटे हुए अदरक, लहसुन और लाल मिर्च पाउडर को उसमें मिला दें ।
५. उसमें चिकन कीमा और चना दाल को मिला लें । दो कप पानी डालें और उबलने तक इसे पकायें । आँच को कम करें और बर्तन को ढंककर चना दाल के पूरी तरह गल जाने तक पकायें । फिर आँच को तेज कर मिश्रण को तब तक पकायें जब तक कि वह पूरी तरह सूख न जाये ।
६. चूल्हे से बर्तन को हटा लें और उसे ठंडा होने दें । फिर चिकन कीमा और चना दाल को अच्छी तरह पीस लें ।
७. उसमें नमक, गरम मसाला पाउडर, जावित्री और छोटी इलायची पाउडर मिलायें ।
८. अच्छी तरह मिलायें और स्वाद चख लें ।
९. इसे बराबर सोलह हिस्सों में बाँट लें । एक हिस्से को अपनी हथेली पर रखकर फैलायें । उसके मध्य में भराई के लिए तैयार प्याज के मिश्रण को रखें । इसे गीला करते हुए हल्का चिपटा कर लें । इसी तरह सभी सोलह कीमा के मिश्रण को तैयार कर लें ।
१०. लाल-भूरा होने तक तलें ।
११. प्याज के लच्छे, धनिया और पुदीना की चटनी के साथ उसे गर्मागर्म परोसें ।

टिप्पणी : धनिया और पुदीना की चटनी की विधि पृष्ठ १०१ पर देखें ।

शेफ का सुझाव

चिकन का मिश्रण गीला लगे तो उसमे थोड़ा बेसन गर्म करके या भूना हुआ चना दाल पाउडर मिलायें ।

टेक्स मेक्स चिकन विंग्ज

सामग्री

चिकन विंग्ज १२-१६
लहसुन .... ५-६ कलियाँ
अजमोद ....२ इंच लंबा तना
तेल .... १ टेबलस्पून
तेजपत्ता १
ब्राउन शुगर................... १ टेबलस्पून
सिरका .... २ टेबलस्पून

वुस्टर सॉस.................. २ टेबलस्पून
टमाटर प्यूरी .... १/४ कप
टोमैटो केचप .... १/४ कप
लाल मिर्च पाउडर .... १ १/२ टी स्पून
काली मिर्च कूटा हुआ .... १/२ टी स्पून
नमक .... स्वादानुसार

विधि

१. चिकन विंग्ज के चमडा हटाते हुए अच्छी तरह धोकर साफ कर लें । साफ किचन तौलिया से उसे सुखालें ।
२. लहसुन की कलियों को छीलकर साफ किये हुए अजमोद के तने के साथ कूट लें ।

३. शेष सामग्री को लहसुन और अजमोद के पेस्ट में मिला लें और चिकन विंग्ज को उसमें एक से दो घंटे तक मेरिनेट होने दें ।

४. अवन को २००° से. तक गर्म करें । तेजपत्ता को हटा दें और अवन के भूननेवाले ट्रे पर चिकन विंग्ज को सजा लें । अच्छी तरह जाँच लें कि चिकन विंग्ज ठीक से रखे गये हैं ताकि पकने में असुविधा न हों ।

५. २००° से. पर १५ से २० मिनट तक पकायें । विंग्ज को एक-दो बार पलटकर मेरीनेड को लगाते रहे ।

६. बाहर से कुरकुरे लेकिन अंदर से नर्म रहने तक पकाएं ।

७. अवन से निकालकर गर्मागर्म परोसें ।

चेट्टिनाड फ्राइड चिकन

सामग्री

चिकन .... १ मध्यम आकार का
प्याज .... २ मध्यम आकार के
अदरक .... १ इंच का टुकड़ा
लहसुन .... ४-६ कलियाँ
हरी मिर्च ४
खड़ी लाल मिर्च ४-६

हल्दी पाउडर .... १/२ टी स्पून
नींबू का रस .... १ टेबलस्पून
चावल का आटा .... २ टेबलस्पून
नमक .... स्वादानुसार
कढी पत्ता १०-१२
तेल .... तलने लायक

विधि

१. चिकन को साफ करके, धोकर दो टुकड़ों में कर लें । एक चाकू से तीन से चार जगहों पर आधा इंच के घाव कर लें ।
२. प्याज, अदरक और लहसुन को छीलकर साफ कर लें । हरी मिर्च के डंठल को हटाकर धोएं । तीनों को हरी मिर्च और लाल मिर्च के साथ पीस लें । आवश्यक हो तो थोड़ा पानी मिला लें । कढी पत्ती को धो-पोंछकर बारीक काट लें ।

३. हल्दी पाउडर, नींबू के रस, चावल के आटा को अच्छी तरह मसाला पेस्ट में मिला लें । फिर स्वादानुसार इसमें नमक डालें ।

४. इस मिश्रण को पूरी तरह अधिक मात्रा में चिकन पर फैलायें और इसे दो-तीन घंटे तक मैरीनेट होने के लिए छोड़ दें । रेफ्रिजरेटर में रखें तो ज्यादा अच्छा । फिर कटे हुए कढी पत्ते चिकन में मिलायें ।

५. एक उथले बर्तन में तेल गर्म करें । मैरीनेट किए हुए चिकन को उसमें डालें । उलट-पुलट कर उसे दो मिनट तक तलें ।

६. आँच को कम कर लें । पैन को ढ़ककर उसे १५ से २० मिनट तक पकने दें ।

७. अंतिम कुछ मिनट तक तेज़ आँच पर पकाये ताकि चिकन भूरा और कुरकुरा हो जायें ।

८. चिकन को छोटे-छोटे टुकड़े में काट लें और गर्मागर्म परोसें ।

ब्रैण्डी स्पाइक्ड चिकन

सामग्री

बोनलेस चिकन ब्रेस्ट २
लाल कैप्सिकम ¹/२ मध्यम आकार का
हरा कैप्सिकम. ¹/२ मध्यम आकार का
पीला कैप्सिकम ¹/२ मध्यम आकार का
एस्परेगस ६-८
फ्रेंच बीन्स ५-६
मकई का आटा.............. १ टेबलस्पून

चिकन स्टॉक .... ¹/२ कप
तेल .... ३ टेबलस्पून
सूखी रोज़मेरी .... ¹/२ टी स्पून
नमक .... स्वादानुसार
सफेद मिर्च पाउडर .... ¹/४ टी स्पून
वुस्टरशायर सॉस .... २ टेबलस्पून
ब्रैण्डी .... ३ टेबलस्पून

विधि

१. चिकन को साफ करे, धोकर सूखाले और उसके पाव इंच लंबे पतले टुकडे कर लें। तीनो रंगो के शिमला मिर्च को काटकर बीज निकालकर उसके पाव इंच के लंबे पतले टुकडे कर लें।

२. फ्रेंच बीन्स को धोकर साफ कर लें । फिर डेढ़ इंच के टुकड़ों में काट लें । एस्परेगस के सर को काटकर हटा दें । कुछ देर के लिए बीन्स और एस्परेगस को खौलते पानी में डालें । निकालकर बाहर रखें ।

३. चिकन स्टॉक में मकई के आटे को अच्छी तरह मिला लें ताकि वह उसमें घुल जाए ।

४. एक पैन में आधा तेल डालें । फिर रोजमेरी के साथ चिकन की पट्टियों को तेज आँच पर दो या तीन मिनट तक अच्छी तरह तलें । स्वादानुसार नमक और काली मिर्च डालें । निकालकर बाहर रखें ।

५. उसी पैन में बचे डेढ़ चम्मच तेल को डालकर सभी सब्जियों को चलाते हुए दो से तीन मिनट अच्छी तरह भूनें । स्वादानुसार नमक और काली मिर्च डालें । फिर निकालकर बाहर रख लें ।

६. वुस्टरशायर सॉस और ब्रैण्डी को मिलाकर पैन में डालें । फिर चिकन और सब्जियों को इसमें मिलाकर तेज आँच पर पकायें ।

७. इसमें चिकन स्टॉक में घुले हुए मकई के आटे को मिलाते हुए दो से तीन मिनट तक या सॉस के गाढ़ा होने तक पकायें ।

८. गर्मागर्म परोसें ।

टिप्पणी : चिकन स्टॉक की विधि पृष्ठ १०३ पर देखें ।

चिकन सॉटे

सामग्री

बोनलेस चिकन ब्रेस्ट .... ४ मध्यम

मेरिनेशन के लिए

नींबू का रस .... २ टेबलस्पून
काला सोया सॉस .... १ टेबलस्पून
तेल .... १ टी स्पून
लाल मिर्च पाउडर .... १ टी स्पून
नमक .... स्वादानुसार

सॉस के लिए

भूनी मूंगफली .... १/४ कप
प्याज .... १ छोटा आकार का
टमाटर प्यूरी................. ३ टेबलस्पून
काला सोया सॉस .... १ टेबलस्पून
शहद .... २ टी स्पून
लहसुन .... ४ कलियाँ
नमक .... स्वादानुसार
लाल मिर्च पाउडर .... १/२ टी स्पून
तेल .... १ टी स्पून

विधि

१. चिकन ब्रेस्ट से चमडा को हटाते हुए अच्छी तरह साफ कर लें । साफ करने के बाद आधा इंच चौड़ी पट्टियों में लंबाई में काट लें । कटे हुए इस टुकड़े को दबाकर थोड़ा चपटा कर लें ।

चिकन सॉटे

२. मैरिनेशन के लिए रखी सामग्री को अच्छी तरह मिलालें । उसमें चिकन के टुकड़ों को डालकर घंटेभर के लिए छोड़ दें ।
३. इस मैरिनेटेड चिकन को लकड़ी की आठ इंच लंबी सींख में लगा दें ।
४. नॉन-स्टिक सपाट तवा गर्म करें । तेल की कुछ बूंदें डालकर उसकी सतह को चिकना होने दें । सींख से बंधे कुछ चिकन को इसमें डालें । तेज़ आँच पर उलटते हुए इसे तीन या चार मिनट तक अच्छी तरह पकायें ।
५. या फिर पहले से गर्म किए हुए ग्रिल पर दो-दो मिनट में उलटते हुए १० से १२ मिनट तक पकायें ।
६. इसी बीच सॉस की तैयारी कर लें । उसके लिए प्याज को छीलकर कद्दूकस कर लें । लहसुन को छीलकर कूट लें और भूने हुए मूँगफली दाने को मोटा पीस लें ।
७. एक पैन में तेल गर्म करें । उसमें कद्दूकस किये हुए प्याज और कूटे हुए लहसुन को मिलायें । आधे मिनट तक चलाते हुए तेज आँच पर पकायें ।
८. उसमें लाल मिर्च पाउडर मिलायें । फिर तत्काल इसमें काला सोया सॉस, टमाटर का शोरबा, शहद और मोटे पीसे मूंगफली को मिला लें । स्वादानुसार नमक और एक कप पानी डालें ।
९. फिर उसे उबलने तक आने दें और पाँच मिनट उबालें । बीच-बीच में चलाते रहें ।
१०. चिकन सॉटे को मूंगफली सॉस के साथ परोसें ।

सुझाव

लकड़ी के सींख को आधे घंटे तक पानी में डुबोकर रखना चाहिए जिससे सींख को जलने से बचा सकते हैं । खुले आग पर पकाते समय या फिर ग्रील करते समय इसका विशेष ध्यान देना चाहिए ।

आंध्र चिली चिकन

सामग्री

चिकन .... १ मध्यम आकार का
नमक .... स्वादानुसार
नींबू का रस .... ४ टेबलस्पून
अदरक ....२ इंच का टुकड़ा
लहसुन ....६-८ कलियाँ
कढी पत्ता ८-१०
खड़ी लाल मिर्च.................... ८-१०
चावल ....२ टेबलस्पून
दही .... १/२ कप
ताज़ा धनिया पत्ती .... १/२ कप
तेल .... १/४ कप
मैदा .... १/४ कप

विधि

१. चिकन को साफ कर धो लें। फिर उसे ४ टुकड़ों में काटें। दो लेग पीस, दो ब्रेस्ट पीस। प्रत्येक टुकड़े पर चार से पाँच इंच और आधा इंच गहरा चीरा लगा लें। नमक और नींबू रस को इसपर लगाकर अलग रख लें।
२. अदरक और लहसुन को छीलकर धो लें। कढी पत्तियों को भी साफ कर लें। लाल मिर्च की डंठल हटा लें।

३. चावल, अदरक, लहसुन, लाल मिर्च, कढी पत्ती को नींबू के रस में मिलाकर चिकना पेस्ट तैयार कर लें । इस पेस्ट को दही में मिलाकर हल्के हाथों से अच्ची तरह फेंट लें । स्वादानुसार नमक डालें ।

४. इस दही मिश्रण को चिकन के टुकड़ों पर अच्छी तरह लगायें और मैरिनेट होने के लिए ४ से ६ घंटे छोड़ दें । रेफ्रिजरेटर में रखे तो ज्यादा अच्छा ।

५. एक पैन में तेल गर्म करें । मैरिनेटेड चिकन के टुकड़ों को मैदे में लपेट लें । हल्के हाथों से चिकन-टुकड़ों को झटकें ताकि अतिरिक्त मैदा झुड़ जाए । एक मिनट हल्का भूनें फिर पलटते हुए और एक मिनट भूनें ।

६. आंच कम कर दे । चिकन के टुकड़ों को बराबर उलटते हुए ५ से ६ मिनट तक पकायें । चिकन के टुकड़ों को निकालकर तेल निकल जाने दें ।

७. इसके बाद उथले पैन में डालकर चिकन को मध्यम आँच पर रखें । कटी धनिया पत्तियों को उसपर छिडके । दो बड़े चम्मच पानी डालकर ढक्कन बंद कर दें । फिर पाँच मिनट या चिकन के गलने तक इसे धीमी आँच पर पकायें ।

८. गर्मागर्म परोसें ।

बार्बेक्यूड चिकन

सामग्री

चिकन .... ६ (८०० ग्राम)

बार्बेक्यू सॉस के लिए

प्याज .... २ मध्यम आकार के

लहसुन .... २ कलियाँ

मक्खन .... ४ टेबलस्पून

टोमैटो केचप .... १ कप

चिली सॉस .... १/४ कप

सरसों पाउडर .... १ टी स्पून

ब्राऊन शुगर..................... १/२ कप

सिरका .... १/४ कप

वुस्टरशायर सॉस .... २ टेबलस्पून

कुटी काली मिर्च .... १/४ टी स्पून

लाल मिर्च पाउडर .... १/२ टी स्पून

नमक .... स्वादानुसार

विधि

१. चिकन को छीलकर, धोकर, साफ कर लें । ब्रेस्ट और लेग टुकड़ों पर तेज़ चाकू से चीरा लगायें ।

२. एक प्याज को छीलकर साफ कर लें और उसे बारीक काट लें । दूसरे प्याज को गोल-गोल काटें और उसके गोल लच्छे को अलग-अलग कर बर्फीले पानी में कुरकुरा होने के लिए रख दें । लहसुन को छीलकर कूट लें ।

३. एक पैन में दो बड़े चम्मच मक्खन गर्म करें । उसमें बारीक कटे प्याज और कूटे हुए लहसुन को डालकर भूरा होने तक भूनें ।

४. बॉर्बेक्यु सॉस के लिए ली गई सामग्री को मिलायें और धीमी आँच पर इसे दस मिनट तक उबलने दें । अच्छी तरह मिलायें, ठंडा होने दें और इसमें से थोड़ासा पके चिकन के साथ परोसने के लिए अलग रख लें ।

५. बचे सॉस को चिकन पर लगाए और रेफ्रिजरेटर में एक घंटा के लिए रख दें ।

६. पहलेसे १८०° सें. तक गर्म किए हुए अवन में इसे १० से १२ मिनट तक या अच्छी तरह गलने तक पकायें । बचे हुए मक्खन में लपेटते हुए उसे फिर चार मिनट के लिए पकायें ।

७. कुरकुरे प्याज के गोल लच्छे और बार्बेक्यू सॉस के साथ इसे गर्मागर्म परोसें ।

चिली चिकन

सामग्री

बोनलेस चिकन .... ४०० ग्राम
अंडे २
मकई का आटा........ २^{१}/२ टेबलस्पून
नमक .... स्वादानुसार
सोया सॉस .... २ टेबलस्पून
चिली सॉस .... २ टेबलस्पून
प्याज .... २ मध्यम आकार के
लहसुन .... ८-१० कलियाँ
हरी मिर्च.............................. ६-८
शिमला मिर्च .... २ मध्यम आकार की
तेल .... १ टेबलस्पून + तलने के लिए
सिरका .... २ टेबलस्पून
अजिनोमोटो .... $^{१}/_{४}$ टी स्पून
काली मिर्च (कूटी हुई) ....
.... ^{१}/२ टी स्पून

विधि

१. बोनलेस चिकन को अच्छी तरह साफ कर उँगली आकार के टुकड़ों में काट लें । फिर चिकन के टुकड़ों में अंडा, दो चम्मच मकई का आटा, एक-एक चम्मच सोया और चिली सॉस तथा स्वादानुसार नमक मिलाकर आधा घंटे के लिए छोड़ दें ।

२. प्याज को छीलकर साफ कर लें । उसे दो टुकड़ों मे काटते हुए मोटा स्लाइस बनालें । लहसुन को छीलकर कूट लें । डंठल हटाकर हरी मिर्च को धोकर टुकड़ों में काट लें । कैप्सिकम को साफ कर बीज निकाल दें । दो-दो टुकड़ा कर उसे मोटे लंबे टुकड़ों में काट लें । आधा बड़ा चम्मच मकई के आटे को तीन टेबलस्पून पानी में घुलायें ।

३. एक वोक या पैन में पर्याप्त तेल गर्म करें और मैरिनेटेड चिकन को कुरकुरा होने तक भूनें । निकालकर सूखे किचन टॉवेल पर उसे सुखालें ।

४. एक वोक या पैन में एक बड़ा चम्मच तेल गर्म करें । लहसुन डालकर उसे चलाते हुए भूनें । उसमें प्याज और हरी मिर्च को डालकर चलाते हुए दो मिनट तक भूनें ।

५. उसमें कैप्सिकम के टुकड़ों को मिलाकर भूनें । फिर बचे सोया और चिली सॉस, अजिनोमोटो, नमक, कूटी हुई काली मिर्च, सिरका और मकई के घोल को इसमें डालकर चलाते हुए दो मिनट भूनें ।

६. इसमें चिकन के टुकड़ों को मिलाकर चलाते हुए तबतक भूनें जबतक कि सॉस की परत इन टुकड़ों पर पूरी तरह न लग जाए ।

७. शेजवान सॉस के साथ गर्मागर्म परोसें ।

टिप्पणी : शेजवान सॉस की विधि पृष्ठ ९९ पर देखें ।

चिकन फ्लॉवर डम्पलिंग

सामग्री

चिकन कीमा .... ३०० ग्राम
बासमती चावल .... ३/४ कप
हरी मिर्च २-३
अदरक .... १ इंच का टुकड़ा
नमक .... स्वादानुसार
कूटी हुई काली मिर्च.......... १ टी स्पून

विधि

१. चावल को साफ कर लें और उसे बीस मिनट तक पानी में फूलने दें। फिर पानी निकालकर उसे अलग रखलें।
२. हरी मिर्च को डंठल हटाते हुए धोकर बारीक काट लें।
३. अदरक को छीलकर साफ करें। महीन पेस्ट बना लें।
४. चिकन कीमा में बारीक कटी हरी मिर्च, अदरक का पेस्ट और कूटी हुई काली मिर्च के साथ स्वादानुसार नमक डालकर मिलालें। फिर इसे बारह बराबर टुकड़ों में बाँट लें।

५. चिकन कीमा के इन बारह टुकड़ों को अलग-अलग गोल बनाके पहलेसे भिगोकर रखे चावल में लपेट लें ।

६. चावल लिपटे चिकन गोलें को स्टीमर पॉट के छिद्रयुक्त रैक (परफोरेटेड रैक) पर सजालें ।

७. स्टीमर पॉट के पानी को उबलने दें । फिर उसमें परफोरेटेड रैक को रखकर ढक्कन बंद करदें ।

८. पन्द्रह से बीस मिनिट या पकने तक उसे भाप लगने दें ।

९. आहिस्ते से निकालकर अपनी इच्छानुसार चटनी के साथ गर्मागर्म परोसें ।

सुझाव

चिकन किमा बहुत ही महीन हो और चिकन ब्रेस्ट से बनाया गया हो तो चिकन फ्लॅवर डम्पलिंग अच्छे बनते है ।

चिकन फ्लॉवर डम्पलिंग

चिकन कटलेट अ ल' इंडिएन

सामग्री

बोनलेस चिकन ब्रेस्ट ४
प्याज .... १ मध्यम आकार का
हरी मिर्च २-३
ताज़ी धनिया पत्ती .... थोड़ीसी
नमक .... स्वादानुसार
कूटी हुई काली मिर्च ...... $^{1}/_{2}$ टी स्पून
अंडे २
क्रीम .... २ टेबलस्पून
मैदा .... १ कप
ब्रेड का चूरा .... १ कप
काली मिर्च पाउडर........ $^{1}/_{2}$ टी स्पून
तेल .... उथला तलने के लिए

विधि

१. चिकन ब्रेस्ट धोकर साफ करें, कीमा कर लें ।
२. प्याज को छीलकर साफ करलें और उसे बारीक काट लें । डंठल हटाकर साफ की हुई हरी मिर्च और साफ की हुई धनिया पत्ती को काट लें ।

३. एक कटोरे में चिकन कीमा के साथ प्याज, हरी मिर्च, धनिया पत्ती, कूटी हुई काली मिर्च और नमक को मिलाकर बीस मिनट के लिए छोड़ दें ।

४. एक बड़े कटोरे में अंडे को क्रीम के साथ फेंट लें ।

५. मैदा और ब्रेड के चूरे के साथ नमक तथा काली मिर्च पाउडर को मिलाकर एक मध्यम आकार के प्लेट में अलग रखलें ।

६. चिकन मिक्स को कटलेट आकार में बनालें । यह गोल, अंडाकार या फिर दिल के आकार जैसा भी हो सकता हैं ।

७. चिकन कटलेट को मैदे के मिश्रण में लपेट लें । ध्यान रहें अतिरिक्त मैदा मिश्रण मे न लगा रहें । उसे अंडा और क्रीम के मिश्रण में डुबाएं । फिर इसे ब्रेड के चूरे में अच्छी तरह लपेट लें ।

८. नान-स्टिक फ्राइ पैन में तेल गर्म करें । कटलेट को सभी तरफ से उलटते हुए लाल-भूरा होने और पकने तक भूनें ।

९. किचन टॉवल या टिश्यू पेपर पर निकालकर अतिरिक्त तेल को सूख जाने दें । गर्मागर्म परोसें ।

अंडा और मेथी पकौड़ा

सामग्री

अंडे	८	अजवाइन	$^{१}/_{४}$ टी स्पून
ताज़ा धनिया पत्ती	$^{१}/_{२}$ गुच्छा	लाल मिर्च पाउडर	$^{१}/_{२}$ टी स्पून
मेथी साग	१ कप	चाट मसाला	१ टी स्पून
प्याज	१ बड़े आकार का	जीरा पाउडर	$^{१}/_{२}$ टी स्पून
अदरक	२ इंच का टुकड़ा	खाने का सोडा	$^{१}/_{४}$ टी स्पून
हरी मिर्च	४-५	नमक	स्वादानुसार
हरे प्याज	३	तेल	तलने के लिए
बेसन	३ टेबलस्पून		

विधि

१. पानी को उबाल लें और अंडे डालकर दस से बारह मिनट तक पकायें। गर्म पानी को निकाल दें। अंडे तत्काल ठंडे पानी में रखें। छिलका हटायें और बारीक काट लें।

२.	धनिया पत्ती और मेथी साग को धोकर साफ करें और बारीक काट लें । प्याज और अदरक को छीलकर साफ कर लें तथा बारीक काट लें । हरी मिर्च का डंठल हटाकर साफ कर लें तथा बारीक काट लें । हरे प्याज को धोकर खराब पत्तियों को हटाते हुए साफ करें और पत्तियों सहित बारीक काट लें ।
३.	अब कटा मेथी साग, धनिया पत्ती, प्याज, अदरक, हरी मिर्च एवं हरा प्याज को मिला लें । उसमें बेसन छिड़कें और अच्छी तरह मिला लें । अजवाइन, लाल मिर्च पाउडर, चाट मसाला, धनिया पाउडर, खाने का सोडा और स्वादानुसार नमक इसमें मिला लें ।
४.	इसमें कटा हुआ अंडा डालें । थोड़ा पानी छिड़कें और सभी सामग्री को अच्छी तरह मिला लें ।
५.	एक कड़ाही में तेल गर्म करें । एक बड़े चम्मच से अंडा-मिश्रण को उठाकर आहिस्ता से गर्म तेल में डालें । इन पकौड़ों को थोड़ा-थोड़ा कर अच्छी तरह तलें ।
६.	इन पकौड़ों को उलटते हुए भूरा होने तक दो मिनट पकायें । इसे निकालकर किचन टॉवेल या पेपर पर रखें ।
७.	टोमाटो केचप या धनिया-पुदीना की चटनी के साथ इसे गर्मागर्म परोसें ।

टिप्पणी : धनिया और पुदीना चटनी की विधि पृष्ठ १०१ पर देखें ।

चिकन गोल्ड कॉइन

सामग्री

चिकन कीमा	२५० ग्राम
प्याज	१ मध्यम आकार का
लहसुन	४-६ कलियाँ
अदरक	१/२ इंच का टुकडा
हरी मिर्च	२-३
अंडे	२
सोया सॉस	१ टेबलस्पून
मकई का आटा	२ टेबलस्पून
सफेद मिर्च पाउडर	१/२ टी स्पून
अजिनोमोटो	१/४ टी स्पून
नमक	स्वादानुसार
सफेद ब्रेड	१० स्लाइस
सफेद तिल	३ टेबलस्पून
तेल	तलने के लिए

विधि

१. मुलायम होने के लिए चिकन कीमा को एक बार और कूट लें ।

२. प्याज को छीलकर साफ करें और बारीक काट लें । लहसुन को छीलकर बारीक काट लें । हरी मिर्च का डंठल हटाते हुए उसे साफ कर बारीक काट लें । अदरक को छीलकर, धोकर साफ करते हुए बारीक काट लें ।

३. अब चिकन कीमा में बारीक कटा प्याज, लहसुन, अदरक, हरी मिर्च, एक अंडा, सोया सॉस, मकई का आटा, सफेद मिर्च पाउडर, अजिनोमोटो तथा नमक डालकर अच्छी तरह मिला लें ।

४. बचे एक अंडे को एक कटोरे में फोड़कर डालकर हल्का फेंट लें । कूकी कटर से ब्रेड स्लाइस को डेढ़ इंच व्यास में काट लें ।

५. ब्रेड स्लाइस पर फेंटे हुए अंडे को फैलायें । फिर इसपर चिकन मिश्रण की मोटी परत चढ़ायें । तैयार किए गए कॉइन् पर तिल को अच्छी तरह छिड़कें । अतिरिक्त तिल को हिलाकर हटा लें । इसे पन्द्रह मिनट तक फ्रिज में रखें ।

६. एक वोक या पैन में तेल डालकर गर्म करें और तैयार गोल्ड कॉइन को दो मिनट तक तेज आँच पर पकायें । बराबर चलाते रहें । आँच कम करें और तीन-चार मिनट तक भूरा होने तक भूनें ।

७. सूखे किचन टॉवेल पर निकाल लें । फिर अपनी पसंद के तीखे-मीठे सॉस के साथ गर्मागर्म परोसें ।

ओपन स्टीम्ड डम्पलिंग्ज

सामग्री

चिकन कीमा .... १ १/४ कप
हरी मिर्च २
हरे प्याज २
अदरक .... १ इंच का टुकड़ा

तिल का तेल .... १ टी स्पून
नमक .... स्वादानुसार
काली मिर्च (कूटी हुई) ....
.... १/२ टी स्पून
वॉनटन रैपर १६

विधि

१. डंठल हटाते हुए धोकर हरी मिर्च को बारीक काट लें । हरे प्याज को छाँटकर साफ कर लें और हरे हिस्से के साथ उसे बारीक काट लें । अदरक को छीलकर साफ कर लें और पीस कर पेस्ट बनालें ।

२. वॉनटन रैपर को छोड़कर शेष सभी सामग्री को एक कटोरे में मिला लें । क्लिंग रैपर से ढ़ककर रेफ्रिजरेटर में आधे घंटे के लिए छोड़ दें ।

३. एक वॉनटन रैपर पर ब्रश की सहायता से हल्का पानी लगायें । दो छोटा चम्मच तैयार सामग्री को उस पेपर पर रखें । रैपर के किनारों को मिलाते हुए हल्के हाथों से दबा दें ताकि वह चिपक कर बंद हो जाए । उपरी सिरे का थोड़ा हिस्सा खुला रहने दें ।

४. शेष सभी वॉनटन रैपर को इसी तरह तैयार कर लें ।

५. स्टीमर में तैयार सभी डम्पलिंग्ज को छोटे-छोटे गुच्छों में बिना एक-दूसरे से सटाए सजा दें और पंद्रह मिनट या पकने तक भाप लगने दें ।

६. गर्म और तीखे सॉस के साथ इसे गर्मागर्म परोसें ।

सुझाव

अगर आपको चायनीज स्टीमर नही मिले तो, कुकर में इडली या ढोकला की तरह भॉप पर पका सकते हो ।

पेपर रॅप्ड चिकन

सामग्री

बोनलेस चिकन ब्रेस्ट .... ३०० ग्राम
खड़ी लाल मिर्च २-३
हरे प्याज ८-१०
अदरक .... एक इंच टुकड़ा
फाइव स्पाइस पाउडर ..... १/४ टी स्पून
ड्राई शेरी (वैकल्पिक) .... २ टेबलस्पून

सोया सॉस .... २ टेबलस्पून
शक्कर .... १ टी स्पून
नमक .... स्वादानुसार
अंडा १
राइस/बटर पेपर ...... आवश्यकतानुसार
तेल .... तलने के लिए

विधि

१. छीलकर, धोकर चिकन ब्रेस्ट को आधा इंच के टुकड़ों में काट लें ।
२. आधा कप गर्म पानी में लाल मिर्च को दस मिनट तक डुबायें । पानी से निकालकर डंठल हटाते हुए इसे काट लें । हरे प्याज को छांट कर धो लें और बारीक काट लें ।

पेपर रैप्ड चिकन

३. अदरक को छीलकर बारीक काट लें । चिकन के टुकड़ों को फाइव स्पाइस पाउडर, ड्राई शेरी, कटे अदरक, लाल मिर्च, सोया सॉस, शक्कर और कटे हरे प्याज के साथ स्वादानुसार नमक डालकर मिला लें । इस मैरिनेटेड चिकन को एक घंटे तक रेफ्रिजरेटर में रखें ।

४. एक चुटकीभर नमक मिलाकर अंडे को फेंट लें । राइस/बटर पेपर को ६ इंच x ६ इंच के सोलह बराबर टुकड़ों में काट लें ।

५. पेपर के सभी टुकड़ों पर ब्रश से अंडे के घोल को हल्के से फैलायें । और एक किनारे पर दो बड़े चम्मच मैरिनेटेड चिकन को रखें । मैरिनेड को चिकनपर छिड़कें और मजबूती से गोल कर लें । दोनों किनारों को दबाते हुए सील बंद कर दें ।

६. एक वोक या गहरे पैन में तेल गर्म करें और उसमें पेपर रोल चिकन को तीन मिनट लाल होने तक भूनें । फिर तेल से निकालते हुए अपनी पसंद के तीखे सॉस के साथ परोसें ।

सुझाव

मेहमानो को अपने हाथो से चिकन को खोलने दे ताकी उसकी पुरी खुशबू का मजा लूट सके ।

कीमा पाव

सामग्री

मटन कीमा .... १/२ कि. ग्रा.
प्याज .... ३ मध्यम आकार के
टमाटर.............. २ मध्यम आकार के
अदरक .... १ इंच का टुकड़ा
लहसुन .... ८-१० कलियाँ
हरे मटर के दाने .... १/२ कप
नमक .... स्वादानुसार
ताज़ा धनिया पत्ती .... थोड़ीसी
तेल .... ३ टेबलस्पून
हरी इलायची ३-४
बड़ी इलायची १
लौंग ३-४
दालचीनी .... २ इंच टुकड़ा
तेजपत्ता २
लाल मिर्च पाउडर ...... १ १/२ टी स्पून
हल्दी पाउडर .... १/४ टी स्पून
जीरा पाउडर.................... १ टी स्पून
धनिया पाउडर .... १ टेबलस्पून
गरम मसाला पाउडर .... १ टी स्पून
मक्खन...................... २ टेबलस्पून
पाव या ब्रेड रोल ८

विधि

१. प्याज को छीलकर धो लें और बारीक काट लें। धोकर टमाटर को बारीक काट लें। लहसुन-अदरक का महीन पेस्ट बना लें।

२. नमक मिले उबलते पानी में हरे मटर को पाँच मिनट तक उबालें । देख लें कि मटर लगभग पक गया हो । पानी निकालकर मटर को ठण्डे पानी में धोकर अलग रख लें ।
३. धनिया पत्ती को धोकर साफ करें और बारीक काट लें ।
४. मोटे तलेवाले पैन में तेल गर्म करें । इसमें छोटी और बड़ी इलायची, लौंग, दालचीनी और तेजपत्ता को डालकर चलाते हुए अच्छी तरह भूनें ।
५. उसमें कटे प्याज को डालें और मध्यम आँच पर लाल होने तक भूनें । बराबर चलाते रहें । अदरक और लहसुन के पेस्ट को उसमें चलाते हुए अच्छी तरह मिला दें । कटा टमाटर डालकर तबतक भूनें जब मसाला से तेल अलग होने लगे ।
६. उसमे मटन कीमा डालकर चलाते हुए तेज आँच पर तीन से चार मिनट तक पकायें । आँच को कम करें, आधा कप पानी डालें, पैन को ढक दें । बीच-बीच में चलाते हुए पूरी तरह पकने दें ।
७. लाल मिर्च पाउडर, हल्दी पाउडर, जीरा पाउडर, धनिया पाउडर, नमक और उबला मटर दाना मिलायें । अच्छी तरह मिलाकर कुछ मिनट तक तेज आँचपर पकायें । कीमा के सूखने तक पकायें ।
८. उसपर गरम मसाला छिडकें और कटी धनिया पत्तियों को उसपर सजा दें ।
९. मोटे तले के पैन या तवे पर मक्खन को गर्म करें । पाव को बीच से काटे और मक्खन में आधा मिनट तक गर्म तवे पर रखें । दो से तीन बार दबाते हुए लाल और कुरकुरा होने तक पाव को तवे पर रखें ।
१०. तैयार कीमा मिश्रण को पैन फ्राइड पाव के साथ परोसें ।

चिकन टिक्का

सामग्री

बोनलेस चिकन ब्रेस्ट ... ४ (६०० ग्राम)
कश्मिरी लाल मिर्च पाउडर .... १ टी स्पून
नींबू का रस .... १ टी स्पून
नमक .... स्वादानुसार

मैरीनेड के लिए

दही .... १ १/२ कप
कश्मिरी लाल मिर्च पाउडर .... १ टी स्पून
नमक .... स्वादानुसार
अदरक .... २ इंच का टुकड़ा
लहसुन .... ८-१० कलियाँ
नींबू का रस .... २ टेबलस्पून
गरम मसाला पाउडर ...... १/२ टी स्पून
सरसों तेल .... १ टी स्पून
मक्खन .... लगाने के लिए
चाट मसाला .... १/२ टी स्पून

सजावट के लिए

प्याज .... २ मध्यम आकार के
नींबू .... १ मध्यम आकार का

विधि

१. चिकन ब्रेस्ट को धोकर साफ कर लें, सुखालें। फिर दो इंच के वर्गाकार टुकड़ों में काट लें।

२. कश्मिरी लाल मिर्च पाउडर, नींबू के रस और नमक में मिलाकर चिकन ब्रेस्ट के टुकड़ों को आधा घंटा के लिए छोड़ दें ।

३. छीलकर, धोकर अदरक और लहसुन का पेस्ट बना लें । प्याज को छीलकर धो लें और गोल-गोल काट लें । धोकर नींबू के गोल कतरनें काट लें ।

४. दही को मलमल के कपड़ें में पंद्रह से बीस मिनट तक लटका कर छोड़ दें ताकि पानी पूरी तरह निकल जाए । इसके बाद दही में कश्मिरी लाल मिर्च पाउडर, नमक, अदरक-लहसुन का पेस्ट, नींबू का रस, गरम मसाला पाउडर और सरसों तेल मिला लें ।

५. इस मिश्रण को चिकन के टुकड़ों पर अच्छी तरह लगाकर तीन से चार घंटे तक रेफ्रिजरेटर में छोड़ दें ।

६. चिकन के टुकड़ों को सींख पर लगाकर मध्यम गर्म तंदूर या फिर २००° से. तक पहले से गर्म किए हुए अवन में आठ से दस मिनट तक पकायें । इसे मक्खन में लपेटें और फिर दो से तीन मिनट के लिए पकायें ।

७. चाट मसाला छिड़कें, प्याज के छल्ले और नींबू के कतरों के साथ परोसें ।

कीमा फ्रैंकी

सामग्री

मटन कीमा .... १^{१}/२ कप
प्याज .... २ मध्यम आकार के
टमाटर............... २ मध्यम आकार के
हरी मिर्च २
अदरक .... १ इंच का टुकड़ा
लहसुन ....३-४ कलियाँ
ताज़ा धनिया पत्ती .... २ टेबलस्पून
तेल .... २ टेबलस्पून
लाल मिर्च पाउडर .... २ टी स्पून
हल्दी पाउडर .... ^{१}/२ टी स्पून
गरम मसाला पाउडर .... १ टी स्पून
नमक .... स्वादानुसार
चाट मसाला .... १ टी स्पून
धनिया-पुदीना चटनी ....४ टेबलस्पून

रोटी के लिए

मैदा .... ^{१}/२ कप
आटा .... ^{१}/२ कप
नमक .... स्वादानुसार

विधि

१. मटन कीमा को धोकर साफ कर लें। छीलकर, धोकर प्याज को काट लें। धोकर टमाटर को काट लें। डंठल हटाकर हरी मिर्च को साफ करें और काट लें। छीलकर अदरक और लहसुन को साफ कर काट लें। साफ कर धनिया पत्ती को काट लें।

२. एक पैन में तेल गर्म करें । इसमें अदरक, लहसुन और हरी मिर्च को डालकर चलाते हुए अच्छी तरह भूनें । कटे हुए आधे प्याज को डालकर उसे दो-तीन मिनट या भूरा होने तक भूनें ।
३. इसमें मटन कीमा को डालें । फिर लाल मिर्च पाउडर, हल्दी पाउडर, गरम मसाला पाउडर डालते हुए करीब-करीब गल जाने तक पकायें । टमाटर और नमक मिलाकर और कुछ मिनटों के लिए पकायें । मटन-कीमा जब पूरी तरह पक जाए तब धनिया पत्ती डालकर ढक्कन बंद करें और आँच से हटा लें ।
४. रोटी के लिए मैदा और आटा को मिला लें । स्वादानुसार नमक डालें और पानी मिलाकर मुलायम गूँध लें । गीले कपड़े से ढककर उसे दस मिनट के लिए छोड़ दें ।
५. इस आटे की आठ लोई बनाएं और पतला-पतला बेल लें ।
६. गर्म तवे पर रोटी सेंक लें ।
७. गर्म रोटी के मध्य भाग में पके मटन कीमा थोड़ा-थोड़ा रखें । उसपर कटे प्याज और धनिया-पुदीना की चटनी डालें । उपर से थोड़ा चाट मसाला पाउडर छिड़कें ।
८. रोटी को गोल करते हुए खुले किनारों को टूथपिक से बंद करें और गर्मागर्म परोसें ।

टिप्पणी : धनिया और पुदीना की चटनी की विधि पृष्ठ १०१ पर देखें ।

क्रिस्पी चिकन वॉनटन

सामग्री

वॉनटन पेपर २४
चिकन कीमा .... १/२ कप
गोभी .... १/४ छोटे आकार की
कैप्सिकम .... १ मध्यम आकार की
फ्रेंच बीन्स ३-४
गाजर .... १ मध्यम आकार की
हरा प्याज १
लहसुन .... ४-६ कलियाँ
तेल...... २ टेबलस्पून + तलने के लिए
सफेद मिर्च पाउडर......... १/२ टी स्पून
नमक .... स्वादानुसार
अजिनोमोटो .... १/४ टी स्पून
सोया सॉस .... १ टी स्पून

विधि

१. खराब पत्तियों को हटाकर गोभी को धो लें । बीच के कड़े हिस्से को हटाकर उसे बारीक काट लें । कैप्सिकम को धोकर बीच से काटकर बीज निकालते हुए साफ कर लें और उसे बारीक काट लें । फ्रेंच बीन्स को धोकर, उसका रेशा निकालकर बारीक काट लें

धोकर छीलकर गाजर को बारीक काट लें । हरा प्याज को धोकर साफ कर लें और बारीक काट लें । लहसुन को छीलकर बारीक काट लें । चिकन कीमा को धोलें ।

२. दो बड़े चम्मच तेल एक वोक या पैन में गर्म करें । लहसुन डालकर चलाते हुए भूनें । हरा प्याज और चिकन कीमा को डालकर तेज आँचपर तीन से चार मिनट तक तलें । उसमें कैप्सिकम, फ्रेंच बीन्स, गाजर और गोभी को मिलाकर बराबर चलाते हुए और दो मिनटों के लिए भूनें ।

३. सफेद मिर्च पाउडर, नमक, अजिनोमोटो, सोया सॉस मिलाकर और आधे मिनट के लिये पकायें । आँच से उतारकर ठंडा होने दें ।

४. तैयार सामग्री को २४ बराबर हिस्सों में बाँट लें । अलग-अलग वॉनटन रैपर के मध्य भाग में तैयार सामग्री के एक-एक हिस्से को रखें । थोड़े पानी से रैपर के किनारे को गीला करें । आधे हिस्से को तिरछा मोड़े और बचे किनारे को उससे मिलाकर मोड़ते हुए बंद कर दें ।

५. सभी वॉनटन को इसी तरह तैयार करलें । एक वोक में पर्याप्त तेल गर्म करें । उसमें तैयार वॉनटन को डालें और दो से तीन मिनट या भूरा-कुरकुरा होने तक भूनें । सूखे किचन टॉवेल पर निकालकर तेल को सूख जाने दें ।

६. शेजवान सॉस के साथ गर्मागर्म परोसें ।

टिप्पणी : शेजवान सॉस की विधि पृष्ठ ९९ पर देखें ।

क्रिस्पी चिकन वॉन्टन्स

पात्रानी मच्छी

सामग्री

पाम्फ्रेट फिलेट्स ८
नमक .... स्वादानुसार
नींबू का रस .... $^{1}/_{4}$ कप
हरी धनिया पत्ती .... १ कप
हरी मिर्च ४
नारियल (कसा हुआ) .... $^{1}/_{2}$ कप
जीरा दाने .... ३ टी स्पून
लहसुन .... ६-८ कलियाँ
केला पत्ते ३-४

विधि

१. फिश फिलेट्स को धोकर साफ करें । फिर उसे २ इंच x १$^{1}/_{2}$ इंच साइज में काट लें ।
२. उसपर नमक और आधा नींबू का रस छिड़ककर आधे घंटे के लिए छोड़ दें ।
३. धनिया पत्ती को धोकर साफ कर लें । डंठल हटाते हुए हरी मिर्च को धो लें । लहसुन को छील लें ।

४. धनिया पत्ती, हरी मिर्च, कसा हुआ नारियल, जीरा और लहसुन को पीसकर मुलायम पेस्ट बना लें । नमक और बचे हुए नींबू रस को उसमें अच्छे से मिला लें ।
५. इस पेस्ट को फिश फिलेट्स पर लगायें और कम से कम पंद्रह मिनट के लिए छोड़ दें ।
६. केले के पत्ते को धोकर प्रत्येक को चार टुकड़ों में काटें और पोंछ कर सुखालें ।
७. केला पत्ते के टुकड़े पर मसाला-मिश्रित फिश के टुकड़ों को रखकर उसपर और थोडासा मसाले का मिश्रण डालें । केले पत्ते को इस तरह मोड़े कि मछली पूरी तरह ढ़क जाए ।
८. स्टीमर में मछली को पंद्रह मिनट तक भाप पर पकायें और गर्मागर्म परोसें ।

गोल्डन फ्राइड जम्बो प्रान्स

सामग्री

जम्बो प्रॉन्स १२-१६
लहसुन .... ४-६ कलियाँ
ऑयस्टर सॉस .... २ टेबलस्पून
नींबू का रस .... १ टेबलस्पून
सोया सॉस .... १ टी स्पून
सफेद मिर्च पाउडर .... १/२ टी स्पून
अजिनोमोटो .... १/४ टी स्पून
नमक .... स्वादानुसार
मैदा .... ३/४ कप
मकई का आटा .... १/२ कप
बेकिंग पाउडर .... १/४ टी स्पून
तेल.......... ३/४ कप + तलने के लिए

विधि

१. प्रॉन्स को धो ले, उनके कवच निकालकर, पूछ को सही सलामत रखते हुए, नसों को निकाल लें ।
२. लहसुन को छीलकर महीन पेस्ट बनालें ।

३. लहसुन पेस्ट, ओयेस्टर सॉस, नींबू रस, सोया सॉस, सफेद मिर्च पाउडर, अजिनोमोटो और स्वादानुसार नमक को मिला लें । इस मिश्रण को प्रॉन्स पर अच्छी तरह लगाकर दो घंटे तक रेफ्रिजरेटर में मैरिनेट होने के लिए छोड़ दें ।

४. मैदा, मकई का आटा, बेकिंग पाउडर, तीन चौथाई कप तेल, नमक के मिश्रण में तीन चौथाई कप पानी मिलाकर लगातार फेंटते हुए गाढ़ा घोल तैयार कर लें ।

५. एक वोक में पर्याप्त तेल डालकर गर्म करें । प्रॉन्स को घोल में पूँछ पकड़कर डुबायें और तेल में डालकर दो से तीन मिनट तक बराबर उलटते हुए मध्यम आँच पर भूनें । ध्यान रखें कि यह कुरकुरा और गाढ़ा भूरा हो जाए ।

६. सूखे किचन टॉवेल पर निकाल लें । तेल को सूखने दें और अपनी पसंद के सॉस के साथ गर्मागर्म परोसें ।

सुझाव

इस घोल को अच्छी तरह से फेंटना चाहिए ताकि तेल पूरी तरह से घुल जाए । तेल की मात्रा को बढ़ाने से प्रॉन्स ज्यादा कुरकुरे बनते हैं ।

ग्रिल्ड फिश फिंगर्स

सामग्री

फिश फिलेट्स.................. ४०० ग्राम
नींबू का रस .... ३ टेबलस्पून
संतरे का रस .... ४ टेबलस्पून
नमक .... स्वादानुसार
सरसों का पेस्ट .... १/२ टी स्पून
सफेद मिर्च पाउडर .... स्वादानुसार
सूखी थाइम ....एक चुटकी
वुस्टरशायर सॉस .... १ टेबलस्पून
आटा .... १/२ कप
तेल .... १ टेबलस्पून

विधि

१. फिश फिलेट्स को अंगुली के आकार में धोकर काट लें । साफ किचन टॉवेल से पोंछकर सुखा लें ।
२. नींबू के रस, संतरे के रस, नमक, सरसों के पेस्ट, सफेद मिर्च पाउडर, सूखी अजवाइन और वुस्टरशायर सॉस को अच्छी तरह मिला लें ।

३. इस मिश्रण में फिश फिलेट्स को मिलायें और इसे रेफ्रिजरेटर में पंद्रह से बीस मिनट तक छोड़ दें ।

४. नमक और सफेद निर्च पाउडर को आटा में मिला लें ।

५. मैरिनेटेड फिश को आटा में लपेटें और झटककर अतिरिक्त आटे को गिरा दें ।

६. नॉन-स्टिक तवे को गर्म करें और उस पर कुछ बूँद तेल डालकर फैलायें ।

७. फिश फिंगर्स को तवे पर रखें । आँच को मध्यम ही रखें । बीच-बीच में उलटते हुए भूरा होने तक पकायें । सभी जगह से पकने के लिये और अच्छा रंग आने के लिये बीच-बीच में उलटते हुए पकायें । भूरा रंग होने तक पकायें ।

सुझाव

ये फिश फिंगर्स गरम अवन में या ग्रिल में भून सकते हैं ।

अमृतसरी फिश

सामग्री

बोनलेस फिश (सुरमई हो तो अच्छा) .. .. ६०० ग्राम
माल्ट सिरका .... $^{१}/_{२}$ कप
बेसन .... १ कप
दही .... $^{१}/_{२}$ कप
अंडा १
अजवाइन .... १ टी स्पून
नमक .... स्वादानुसार
नींबू का रस .... १ टेबलस्पून
लाल मिर्च पाउडर .... १ टेबलस्पून
अदरक पेस्ट .... १ टेबलस्पून
लहसुन पेस्ट .... १ टेबलस्पून
तेल .... तलने के लिए
चाट मसाला .... १ टी स्पून
नींबू की कतरनें ६-८

विधि

१. मछली को साफकर धोलें । इसे डेढ़ इंच के टुकड़े (क्यूब) में काटें और सिरका मिलाकर बीस मिनट तक छोड़ दें ।

२. सिरका से निकाले और पोंछकर मछली को सुखालें ।
३. बेसन, दही, अंडा, अजवाइन, नमक, नींबू का रस, लाल मिर्च पाउडर, अदरक और लहसुन के पेस्ट को मिलाकर फेटें और गाढ़ा घोल बनालें ।
४. मछली को इस घोल में बीस मिनट तक रखें ।
५. कड़ाही में तेल गर्म करें । मछली को कुरकुरा एवं भूरा होने तक तलें
६. उसपर चाट मसाला छिड़कें और नींबू कतरनों के साथ गर्मागर्म परोसें ।

सुझाव
मॉल्ट विनेगर के बदले सादा (सफेद) विनेगर भी ले सकतें हैं ।

तंदूरी पाम्फ्रेट

सामग्री

पाम्फ्रेट मछली... २ (प्रत्येक ३०० ग्राम)
नमक .... स्वादानुसार
नींबू का रस .... ४ टेबलस्पून
दही .... १/४ कप
अंडा १
अदरक पेस्ट .... १ टेबलस्पून
लसहुन पेस्ट .... १ टेबलस्पून
अजवाइन .... १ टी स्पून
बेसन ....२ टेबलस्पून
हल्दी पाउडर .... १/२ टी स्पून
गरम मसाला पाउडर .... १ टी स्पून
मक्खन/तेल ....२ टेबलस्पून

विधि

१. पाम्फ्रेट मछली को धोकर साफ कर लें । उसपर चीरा लगायें । नमक और नींबू का रस लगाकर बीस मिनट अलग रखें ।
२. मक्खन/तेल को छोड़कर सभी सामग्री को मिलायें और इस मिश्रण को मछली पर अच्छी तरह लगाकर लगभग एक घंटे तक रेफ्रिजरेटर में छोड़ दें ।
३. मछली को सींख पर रखें और इसे मध्यम गर्म तंदूर में या फिर १८०° सें. तक पहले से गर्म अवन में दस मिनट तक पकायें ।
४. मक्खन में मछली को लपेटें और तंदूर या अवन में और तीन मिनट तक पकायें ।
५. नींबू की कतरनों के साथ गर्मागर्म परोसें ।

तंदूरी पॉम्फ्रेट

प्रॉन बालचाओ

सामग्री

प्रॉन्स (साफ किए हुए)	६०० ग्राम
अदरक	२ इंच का टुकड़ा
लहसुन	१५-२० कलियाँ
जीरा	१ टी स्पून
खड़ा लाल मिर्च	१२-१५
लौंग	१०-१२
दालचीनी	२ इंच का टुकड़ा
सरसों का दाना	१ टी स्पून
मॉल्ट सिरका	१ कप
प्याज	२ बड़े आकार के
टमाटर	४ बड़े आकार के
तेल	३/४ कप
चीनी	२ टेबलस्पून
नमक	स्वादानुसार

विधी

१. प्रॉन्स की नसें निकाल दें। धोकर अतिरिक्त पानी निकालें। नमक मिलाकर अलग रखें।

२. अदरक और लहसुन को छीलकर साफ करें तथा मोटा काट लें।

३. अदरक, लहसुन, जीरा, लाल मिर्च, लौंग, दालचीनी और सरसों को सिरका के साथ पीसकर महीन पेस्ट बनालें ।

४. प्याज को छीलकर धोकर बारीक काट लें । टमाटर को भी धोकर काट लें ।

५. एक कड़ाही में तेल गर्म करें और प्रान्स को तब तक तलें जब तक कि नमी सूख न जाए । तेल से प्रॉन्स को निकालकर अलग करें । उसी तेल में प्याज को मुलायम और हल्का भूरा होने तक तलें । कटे टमाटर को मिलाकर तेज़ आंच पर तब तक भूनें जब तक कि प्याज और टमाटर की गाढ़ी लुगदी न बन जाए । उस स्थिति में मसाले से तेल अलग हो जाएगा ।

६. इसमें पिसा मसाला मिलाकर चलाते हुए दो से तीन मिनट तक भूनें । उसमें प्रॉन्स और शक्कर को मिलायें । स्वाद चख लें और धीमी आँच पर पाँच से सात मिनट तक भूनें ताकि मसाले से तेल अलग हो जाए ।

७. उबले चावल और रोटी के साथ गर्मागर्म परोसें ।

सुझाव

इसमें बडे आकार के प्रान्स के बदले छोटे आकार के प्रॉन्स लें । यह ज्यादा स्वादिष्ट होता हैं और सस्ता भी !

ओरिएण्टल फिश कबाब

सामग्री

कबाब के लिए

फिश फिलेट्स.................. ५०० ग्राम
नींबू का रस .... १ टेबलस्पून
ताज़ा बटन मशरूम १६
ताज़ा लीची............................ १२
काला अंगूर............................२४
तेल .... १/२ टेबलस्पून

सॉस के लिए

अदरक .... १ इंच का टुकड़ा
लहसुन.......................... २ कलियाँ
तेल .... १ टेबलस्पून
सोया सॉस ....२ टेबलस्पून
काली मिर्च (कूटी हुई) .... १ टी स्पून
रेड वाइन (वैकल्पिक) ....२ टेबलस्पून
शहद ....२ टी स्पून

विधि

१. फिश फिलेट्स को अच्छी तरह साफ कर उसके बराबर-बराबर बीस क्यूब काट लें । नींबू का रस लगाकर अलग रख दें ।
२. धोकर मशरूम के तने (डंठल) को काट कर अलग कर लें । एक नॉन-स्टिक पैन में एक कप पानी डालें और कटे मशरूम को उसमें डालकर ढक्कन बंद करते हुए तीन से

चार मिनट तक मध्यम आँच पर पकायें । बीच-बीच में उछालते रहें । मशरूम को निकालकर अलग रखें और बचे पानी को सॉस के लिए रख लें ।

३. लीची को छीलकर धोकर बीचों बीच काट लें और उसके बीज निकाल लें । अंगूर को धोकर अलग रखें ।

४. धोकर अदरक को छीलकर बारीक काट लें । छीलकर लहसुन को कूट लें ।

५. एक नॉन-स्टिक पैन में मध्यम आँच पर तेल गर्म करें । उसमें कूटा हुआ अदरक और बारीक कूटा हुआ लहसुन डालकर पंद्रह सेकंड तक मध्यम आँच पर पकायें । फिर सोया सॉस, कूटी हुई काली मिर्च, मशरूम के उबले पानी, रेड वाइन और चौथाई कप पानी को पैन में डालकर उबलने तक पकायें । शहद डालते हुए उसे अच्छी तरह मिलायें ।

६. आँच को कम करें । इसे धीरे-धीरे दो से तीन मिनट तक उबलने दें । आँच से अलग करें पर ध्यान रहे कि यह तब तक गर्म रहे जब तक कि कबाब तैयार न हो जाए ।

७. सींख पर मछली, पके हुए मशरूम, काले अंगूर और लीची पिरो दें ।

८. थोडासा तेल लगायें और दस मिनट तक ग्रील करे या फिर पहले से गर्म अवन (१८०° से.) पर उससे बारह मिनट तक या फिर मछली नर्म होने तक पकाए । इस व्यंजन को आप ग्रिडल में या मोटे पैंदीवाले पैन पर भी पका सकते हैं । बढ़िया स्वाद के लिए आप नॉन-स्टिक पैन का भी उपयोग कर सकते हैं । ध्यान रहे कि आप सींख को थोडे-थाडे समय पर घुमाते रहें ।

९. कबाब के किनारे पर से सॉस छिडककर तुरंत परोसें ।

क्रिओल किंग फिश

सामग्री

किंग फिश .... ४ एक इंच मोटे टुकड़े
टमाटर............... ४ मध्यम आकार के
लहसुन .... ६-८ कलियाँ
प्याज .... १ मध्यम आकार का
हरी मिर्च १
ताज़ा धनिया पत्ती .... १/४ कप
नींबू का रस .... २ टेबलस्पून
सूखी ऑरिगेनो पत्तियाँ.... १/२ टी स्पून
सूखी तुलसी पत्तियाँ....... १/४ टी स्पून
सूखी अजवाइन पत्तियाँ.... १/४ टी स्पून
टोबॅस्को सॉस .... १ टी स्पून
नमक .... स्वादानुसार
तेल............................. १ टी स्पून

विधि

१. दो टमाटर को धोकर मोटे-मोटे टुकड़े काट लें। बचे दो टमाटर को प्रोसेस कर ब्लेन्डर में प्यूरी बना कर अलग रख लें।

२. लहसुन को छीलकर बारीक काट लें । प्याज को छीलकर धो लें और पतला काट लें । हरी मिर्च को धोकर डंठल निकालीयें और उसके दो टुकड़े कर लें । धनिया पत्ती को धोकर मोटा-मोटा काट लें ।

३. मछली के टुकड़े को धोकर साफ करें और सूखे किचन टॉवेल से उसे सुखा लें । नींबू का रस लगाकर पाँच से दस मिनट तक छोड़ दें ।

४. कटे टमाटर, टमाटर प्यूरी, कटे प्याज, कटे लहसुन, हरी मिर्च में एक कप पानी मिलायें और नॉन स्टिक पैन में मध्यम आँच पर पाँच से सात मिनट तक बराबर चलाते हुए पकायें ।

५. आँच कम करें । सभी सूखी पत्तियाँ, टोबास्को सॉस और नमक को उसमें डालें । तीन-चार मिनट तक बराबर चलाते हुए सॉस गाढ़ा हो जाने तक पकाएं । आँच से उतारकर धनिया पत्ती को उसमें मिला दें । ढंककर रखें ताकि वह गर्म रहें ।

६. एक नॉन-स्टिक पैन को गर्म करें । उसमें टुकड़ों को थोडासा तेल (ब्रशसे) लगालें और किंग फिश के इसमें रखकर मध्यम आँच पर एक बार पलटकर ४ से ६ मिनट तक पकायें या मछली पक जाने तक या पारदर्शी हो जाने तक या उसपर पपड़ी जमने तक पकायें ।

७. प्रत्येक मछली के टुकडे पर तीन बड़े चम्मच क्रिओल सॉस डालकर परोसें ।

प्रॉन शैस्लिक विथ एपल करी सॉस

सामग्री

प्रॉन्स (छीला एवं नस निकाला हुआ) .. .. १२-१६ मध्यम आकार के
करी पाउडर..................... १ टी स्पून
काली मिर्च (कूटी हुई) .... १ टी स्पून
नमक .... स्वादानुसार
नींबू का रस .... २ टेबलस्पून
कैप्सिकम .... २ मध्यम आकार के
टमाटर................ २ मध्यम आकार के
प्याज .... २ मध्यम आकार के

सॉस के लिए

प्याज .... १ मध्यम आकार का
अदरक .... १ इंच का टुकड़ा
हरा सेव .... २ मध्यम आकार के
नींबू का रस .... १ टेबलस्पून
तेल .... १ टेबलस्पून
जायपत्र १
करी पाउडर .... २ टी स्पून
सफेद मिर्च पाउडर .... १/४ टी स्पून
नमक .... स्वादानुसार

विधि

१. प्रॉन्स को धोकर सुखा लें । करी पाउडर, कूटी हुई काली मिर्च, नमक और नींबू रस के मिश्रण में उसे मिलाकर जरूरत के समय तक रेफ्रिजरेटर में रख दें ।

२. कैप्सिकम के धोकर दो टुकड़े करें और उसके बीज निकाल दें । फिर एक इंच के वर्गाकार टुकड़ों में काट लें ।

३. टमाटर को धोकर प्रत्येक को चार टुकड़ो में काट लें, बीज निकाल दें । और प्रत्येक के दो टुकड़े कर दें ।

४. प्याज को छीलकर चार टुकड़ों में काटकर उसके परत को अलग-अलग कर लें ।

५. कैप्सिकम, टमाटर और प्याज के कटे हुए टुकड़ो को मैरिनेटेड प्रॉन्स में मिलाकर पंद्रह से बीस मिनट के लिए रेफ्रिजरेटर में रख दें ।

६. मैरिनेटेड प्रॉन्स और सब्जियों को आठ इंच के लकड़ी के सींख पर एक-एक कर सजा लें ।

७. एक नॉन-स्टिक तवे को गर्म करें । ब्रश से थोड़ासा तेल तवे पर फैलायें और मैरीनेटेड प्रॉन्स को उस पर रखें । बीच-बीच में उलटते हुए मध्यम आँच पर पाँच से छः मिनट तक पकायें । देखलें कि प्रान ठीक-ठीक पक गये हों । एपल करी सॉस में डालकर गर्मागर्म परोसें ।

सॉस के लिये

१. अदरक और प्याज को छीलकर धोकर मोटे टुकडों में काट लें ।

२. हरे सेब को धोकर उसके बीच के कड़े हिस्से को हटाते हुए सेब को मोटे टुकड़ों में काट लें । सेब के टुकड़ों को नींबू के रस में डालकर रखें ताकि रंग न उड़ें ।

३. एक नॉन-स्टिक पैन में तेल गर्म करें । जायपत्री की पत्ती डालें । कटे प्याज और अदरक को उसमें मिलाकर तेज आँच पर बराबर चलाते हुए तीन से चार मिनट तक पकायें ।

४. उसमें हरा सेब और एक कप पानी मिलाकर उबालें ।

५. धीमी आँच पर ५ से ६ मिनट तक सेब के गलने और मुलायम होने तक पकायें ।

६. उसमें करी पाउडर, सफेद मिर्च पाउडर और स्वादानुसार नमक मिला लें । ठंडा होने दें । जायपत्र पत्ती को निकाल दें । उसमें एपल मिश्रण को मिलायें । छलनी से छानकर उसे गर्म रखें ।

प्रॉन शाश्लिक विथ एप्पल करी सॉस

चिली फिश भज्जी

सामग्री

फिश फिलेट्स...... ४ मध्यम आकार के
अदरक .... १ इंच का टुकड़ा
लहसुन ....४-६ कलियाँ
हरा कैप्सिकम ......२ मध्यम आकार की
लाल मिर्च पाउडर ....१ टेबलस्पून
नींबू का रस .... २ टेबलस्पून
नमक .... स्वादानुसार
चावल का आटा .... १ टेबलस्पून
मैदा .... १ टेबलस्पून
बेसन .... १/२ कप
कुकिंग सोडा .... १/४ टी स्पून
तेल .... तलने के लिए

विधि

१. मछली को साफ कर ढ़ाई इंच लंबा, आधा इंच चौड़ा और आधा इंच मोटे टुकड़ों में काट लें ।
२. अदरक और लहसुन को छीलकर महीन पेस्ट बना लें ।
३. कैप्सिकम को धोकर बीच से काट लें । उसके बीज निकालें और लंबाई में आधा इंच चौड़ा टुकड़ा बना लें ।

४. अदरक-लहसुन के पेस्ट में लाल मिर्च पाउडर, नींबू का रस और नमक मिलाकर गाढ़ा बनालें । इस मसाले के पेस्ट को फिश फिंगर्स और कैप्सिकम के टुकड़े पर अच्छी तरह लगायें ।

५. चावल का आटा, मैदा, बेसन, थोड़ा नमक, कुकिंग सोडा पानी में मिलाकर अच्छी तरह फेंटते हुए गाढ़ा घोल बना लें । ध्यान रखें कि बीच में सूखे ढेले न रह जाएं ।

६. एक फिश फिंगर लें । उसे कैप्सिकम के दो टुकड़ों के बीच रखकर टूथपिक्स (लकडी) से बंद कर लें ।

७. एक कड़ाही में तेल गर्म करें । कैप्सिकम में सैंडविच कीए मछली को तैयार घोल में डुबोये और तेल में आहिस्ते से छोड़ दें । बराबर उलटते हुए मध्यम आँच पर दो से तीन मिनट तक अच्छी तरह तलें । भूना और कुरकुरा हो जाए यह ध्यान रखें ।

८. तेल से निकालकर किचन टॉवेल तथा पेपर पर रखें ताकी तेल सूख जाएं । टोमँटो केचप या नारियल चटनी के साथ गर्मागर्म परोसें ।

प्रॉन वरुवल

सामग्री

प्रॉन्स (छिलका हटाया हुआ) .... १२-१६ मध्यम
अदरक .... १ इंच का टुकड़ा
लहसुन ....६-८ कलियाँ
जीरा पाउडर .... १ टी स्पून
इमली-गूदा .... १ टेबलस्पून
लाल मिर्च पाउडर ....२ टेबलस्पून
हल्दी पाउडर .... $^{१}/_{२}$ टी स्पून
नमक .... स्वादानुसार
चावल का आटा ....२ टेबलस्पून
तेल .... $^{१}/_{४}$ कप
नींबू का रस .... १ टेबलस्पून

विधि

१. नस निकालते हुए प्रॉन्स को धोलें और साफ किचन टॉवेल पर रखकर सुखा लें । अदरक और लहसुन को छीलकर महीन पेस्ट बना लें ।

२. जीरा पाउडर, इमली-गूदा, लाल मिर्च पाउडर, हल्दी पाउडर, नमक और चावल के आटे को अदरक-लहसुन के पेस्ट में मिलायें । उसमें दो बड़े चम्मच तेल डालकर अच्छी तरह मिला लें ।

३. प्रॉन्स को इस मिश्रण में मिलाकर दो घंटे तक रेफ्रिजरेटर में रख दें ।

४. एक पैन में तेल गर्म करें । इसमें मैरिनेटेड प्रान्स को डालकर तेज आँच पर पकायें । प्रॉन्स को उलट दें और फिर थोड़ी देर पकायें । आँच को कम करें और प्रॉन्स को उलटते हुए दो से तीन मिनट तक पकायें ।

५. तेल से निकालें । सोख्ता किचन टॉवेल या पेपर पर रखकर अतिरिक्त तेल को सूख जाने दें । पके प्रान्स पर नींबू का रस छिड़कें और गर्मागर्म परोसें ।

ड्रॅगन सीफूड रोल्स

सामग्री

पैन केक के लिए

मैदा .... १/२ कप

मकई का आटा................. १/४ कप

नमक .... एक चुटकी

अंडा २

भरने के लिए

झींगी (छीला हुआ)............... ८-१२

फिश फिलेट्स.................. १०० ग्राम

केकड़े का मांस .... १ कप

हरा प्याज.................................. १

अदरक .... १/२ इंच का टुकड़ा

लहसुन.......................... २ कलियाँ

हरी मिर्च.................................. १

अंडा १

तेल..... १ बड़ा चम्मच + तलने के लिए

लाल मिर्च पेस्ट........... १/२ टी स्पून

अजिनोमोटो .... १/४ टी स्पून

सोया सॉस .... १/२ टेबलस्पून

सिरका .... १ टेबलस्पून

नमक.......................... स्वादानुसार

अंकुरित सेम .... १/२ कप

विधि

१. पैन केक के लिए ली गई सभी सामग्री को पानी की उपयुक्त मात्रा में डालकर पतला घोल बना लें। इसे छानकर आधा घंटा अलग रखें।

२. झींगों को धोकर साफ करें। उसकी नस निकालें और मोटे टुकडों में काट लें। फिश फिलेट को धोकर छोटे टुकड़ों में काट लें। केकड़े के मांस को मोटे टुकडों में काट लें।

३. काट-छांटकर हरे प्याज को धोलें और बारीक काट लें। अदरक और लहसुन को छीलकर बारीक काट लें। डंठल हटाते हुए हरी मिर्च को धो लें। बीज निकालें और बारीक काट लें। अंडा को एक कटोरे में फोड़ें और हल्का फेंटें।

४. फिलिंग (भराव) के लिए एक पैन में तेल गर्म करें। उसमें कटे अदरक, लहसुन और हरी मिर्च को डालकर अच्छी तरह चलाते हुए भूनें। इसमें लाल मिर्च का पेस्ट और कटे प्याज को मिलायें। एक मिनट के लिए तलकर उसमें कटे हुए केकड़ा के मांस और फिश फिलेट्स के टुकड़ों को मिलालें।

५. उसपर अजिनोमोटो, सोया सॉस, सिरका और स्वादानुसार नमक छिड़कें। अच्छी तरह मिलायें और तब तक पकायें जब तक कि फिलिंग सूखकर कड़कड़ाने न लगे। आँच से उतारें, ठंडा होने दें और अंकुरित सेम उसमें मिला लें।

६. नॉन-स्टिक पैन को गर्म करें और थोड़ासा तेल उसमें लगायें। घोल को अच्छी तरह मिलायें और एक कड़छुल घोल पैन में उड़ेल दें। पैन को इस तरह हिलायें कि घोल

सुझाव

शाकाहारी, चिकन पैटिज़ के बजाए आलू या पनीर के पैटिज़ उपयोग कर सकते हैं।

पैन में पूरी तरह फैल जाए । अतिरिक्त घोल को पैन से बाहर निकाल लें । मध्यम से धीमी आँच पर तब तक पकायें जब तक कि वह पैन के किनारे को छोड़ने न लगें ।

७. पैन केक को सावधानी से निकालकर ठंडा कर लें । इस प्रकार घोल से बारह पैन केक बना लें ।

८. भरने की सामग्री को बारह बराबर हिस्सों में काँटें । उसमें एक को एक पैन केक के निचले सिरे पर रखें । उसे रोल कर लें । दोनों किनारों को मोड़े और अंडे के घोल से किनारों को ब्रश करें और मजबूती से बंद करें । इसी तरह सभी पैन केक का रोल बनालें ।

९. एक वोक में तेल की उपयुक्त मात्रा गर्म करें । उसमें तैयार रोल्स को मध्यम आँच पर बराबर उलटते हुए कुरकुरे और भूरा होने तक भूनें । निकाले और किचन टॉवेल पर रखकर अतिरिक्त तेल को सुखालें ।

१०. अपनी पसंद के सॉस में डुबाकर गर्मागर्म परोसें ।

सुझाव

समुद्री खाद्य पदार्थ के बजाए, आप अपना कोई भी पसंदीदा मटन या सब्जी उपयोग कर सकते हैं ।

समोसा पोटली

सामग्री

मैदा .... १ कप
रवा .... २ टेबलस्पून
नमक .... स्वादानुसार
घी .... १/४ कप
कीमा .... ४०० ग्राम
हरी मिर्च ३
अदरक .... १ इंच का टुकड़ा
हरी धनिया पत्ती .... २ टेबलस्पून

तेल....... २ टेबलस्पून + तलने के लिए
जीरा .... १ टी स्पून
लाल मिर्च पाउडर .... १ टी स्पून
धनिया पाउडर .... १ टेबलस्पून
जीरा पाउडर.................... १ टी स्पून
दही.................................. ३/४ कप
गरम मसाला पाउडर .... १ टी स्पून

विधि

१. मैदा, रवा, नमक और घी को गर्म पानी के साथ कड़ा गूँध लें । तीस मिनट तक ढककर रखें । फिर उसकी बीस बराबर गोलियाँ बना लें ।

२. डंठल हटाते हुए हरी मिर्च से बीज निकालें और बारीक काट लें । अदरक को छीलकर काट लें । धनिया पत्ती को धोकर बारीक काट लें ।

३. एक कड़ाही में दो बड़े चम्मच तेल गर्म करें । उसमें खड़ा जीरा डालें । जब वह चटचटने लगे तब उसमें कीमा को डालकर आधा पकायें । जरूरत के हिसाब से पानी डालें ।

४. उसमे अदरक, हरी मिर्च, लाल मिर्च पाउडर, धनिया पाउडर, जीरा पाउडर और नमक डालकर अच्छी तरह मिलायें । कड़ाही को ढ़ककर धीमी आँचपर पंद्रह मिनट पकायें । दही मिलायें । फिर तेज आँच पर दस मिनट पकायें । बराबर चलाते हुए यह देखें कि कीमा पूरी तरह पक जाए और सूख जाए ।

५. गरम मसाला पाउडर और धनिया पत्ती छिड़ककर अच्छी तरह मिलायें । ठंड़ा होने दें और उसे बीस बराबर हिस्सों में बाँटलें ।

६. गूँधे आटे के गोले को तीन इंच व्यास की छोटी पूरी में बेल लें । इस पूरी के मध्य में कीमा मिश्रण का एक हिस्सा रखें । किनारे से थोड़ा हल्का पानी लगायें और पूरी को एक पोटली या मोदक के आकार में मोड़ लें । दबाकर उसे सील करें ।

७. मध्यम आँच पर गर्म तेल में भूरा होने तक भूनें और तेल से निकालकर तेल सोखनेवाले कागज पर रखें ।

८. अपनी पसंद की चटनी के साथ परोसें ।

समोसा पोटली

क्रंची कोरिएंडर पाम्फ्रेट

साहित्य

बोनलेस पाम्फ्रेट फिलेट्स .... २ मध्यम आकार के
ताज़ा धनिया पत्ती .... १/२ कप
नमक .... स्वादानुसार
सफेद मिर्च पाउडर .... १/४ टी स्पून
नींबू का रस .... १ टेबलस्पून
खड़ा धनिया .... २ टेबलस्पून
काली मिर्च ८-१०
लाल मिर्च ३-४
थाइम (सूखा)............. १/४ टी स्पून
तेल.................. हल्का तलने के लिए
मैदा .... ४ टेबलस्पून
मकई का आटा .... १ टेबलस्पून

विधी

१. धोकर साफ करते हुए प्रत्येक पाम्फ्रेट के आठ टुकड़े कर लें । धनिया पत्ती को धोकर काट लें ।
२. फिश फिलेट्स को नमक, काली मिर्च, नींबू के के मिश्रण से मैरिनेट करें और आधे घंटे के लिए छोड़ दें ।

३. धनिया, काली मिर्च और लाल मिर्च को सूखा भूनें । उसे पीसकर मोटा पाउडर बना लें । मसाले के इस मिश्रण में थाइम मिला लें ।

४. एक फ्राइंग पैन में हल्का तलने के लिए तेल डालें और गर्म करें ।

५. एक कटोरे में सभी मसाला पाउडर, कटी धनिया पत्ती, मकई का आटा और मैदा को अच्छी तरह मिला लें । मैरिनेटेड पाम्फ्रेट को उसमें लपेटे और पाम्फ्रेट को दोनों तरफ से कुरकुरा और भूरा होने तक हल्का-हल्का तलें ।

गार्लिक मस्टर्ड प्रॉन्स

सामग्री

प्रॉन्स.............. २० मध्यम आकार के
हरे प्याज २
लहसुन .... ६-८ कलियाँ
मक्खन .... २ टेबलस्पून
सरसों (मोटा पाउडर) ...... २ टेबलस्पून

क्रीम .... ३ टेबलस्पून
टोमैटो केचप .... २ टेबलस्पून
नमक .... स्वादानुसार
काली मिर्च (कूटी हुई) ....
.... १/४ टी स्पून

विधी

१ छिलका हटाकर नस निकालें और प्रॉन्स को अच्छी तरह धो लें । इसे किचन टॉवेल पर रखें और पोंछकर सुखालें ।

२. एक हरे प्याज को साफ कर, धोकर बारीक काट लें ।

३. एक प्याज के हरे हिस्से को धोकर टुकड़े-टुकड़े काट लें । लहसुन को छीलकर, धोकर बारीक काट लें ।

४. एक पैन में मक्खन गर्म करें । इसमें कटा हरा प्याज, लहसुन को मिलाकर हल्का तलें ।
५. सरसों पाउडर को इसमे डालें और चलाते हुए भूनते रहें ।
६. इसमें प्रॉन्स को डालें । क्रीम डालकर चलाते रहें ।
७. टोमैटो केचप, नमक, कूटी काली मिर्च मिलायें और चलाते रहें ।
८. तेज आँच पर आधा मिनट पकायें । ध्यान रहे प्रॉन्स ज्यादा न पक जाए ।
९. प्याज के हरे पत्ते के टुकड़े को इसमें मिलायें और आँच से तत्काल हटा लें ।
१०. फ्रेंच या गार्लिक ब्रेड के साथ इसे तत्काल परोसें ।

चिकन बर्गर

सामग्री

बर्गर बन ४
चिकन कीमा .... ४०० ग्राम
प्याज .... २ मध्यम आकार के
खीरा .... १ मध्यम आकार के
टमाटर.............. २ मध्यम आकार के
सलाद (लेट्यूस) .... १ गुच्छा
ब्रेड का चूरा (वैकल्पिक) .... १/२ कप
काली मिर्च (कूटी हुई) ... १/२ टी स्पून

अंडा १
मेयोनिज़ .... ४ टेबलस्पून
टोमैटो केचप .... २ टेबलस्पून
सरसों का पेस्ट .... १ टेबलस्पून
नमक........................ स्वादानुसार
तेल.......................... ३ टेबलस्पून
मक्खन...................... २ टेबलस्पून
फ्रेंच फ्राइज

विधी

१. प्याज और खीरा को छीलकर धोलें और स्लाइस बना लें । टमाटर धोकर स्लाइस बना लें । लेट्यूस की पत्तियों को साफ कर, धोकर बारीक काटकर बर्फ के पानी में रखें ताकि वह ताज़ा बना रहे ।

२. एक मध्यम आकार का कटोरा लें । उसमें चिकन कीमा, ब्रेड का चूरा, नमक, आधी कूटी काली मिर्च और अंडा डालकर मिलालें ।

३. मेयोनिज़ को टोमैटो केचप, सरसों का पेस्ट, नमक और बची काली मिर्च के साथ मिला लें ।

४. कीमा मिश्रण को चार हिस्सों में बाँटे । उसके गोले बनायें और पैटिज के आकार में फैला लें । उसे रेफ्रिजरेटर में आधा घंटे के लिए छोड़ दें । बन के आकार से पैटिज़ का आकार व्यास से बड़ा होना चाहिए । क्योंकी पकने के बाद पेटिज़ आकार में कम हो जाता हैं ।

५. एक नॉन-स्टिक पैन या तवा में तेल गर्म करें और चिकन पैटिज़ हल्का भूनें । ध्यान रखें कि वह दोनों तरफ से पककर भूरा हो जाए ।

६. बर्गर बन को बीच से चीर लें । दोनों हिस्सों पर मक्खन लगायें और तवा या ग्रिल पर टोस्ट करें । हटाकर अलग रखें ।

७. मेयोनिज़ के मिश्रण को लेट्यूस की कटी पत्तियों पर फैलायें । इन पत्तियों को बन के निचलेवाले हिस्से पर फैलायें । उसके उपर खीरे और टमाटर के स्लाइस रखें । उसके उपर चिकन पैटिज़ को रखें और सबसे अंत में प्याज के स्लाइस को । उसके ऊपर से बन के दूसरे हिस्से को रखकर बंद करें । इसी तरह बाकी बर्गर बन को भी तैयार कर लें ।

८. इसे लकड़ी की सीक से अच्छी तरह बंद करें ताकि पैटिज़ बाहर न निकल जाए ।

९. फ्रेंच फ्राइज के साथ गर्मागर्म परोसें ।

टिप्पणी : मेयोनिज़ की विधि पृष्ठ ९८ पर देखें ।

सुझाव

शाकाहार के लिए चिकन पैटिज़ के बदले आलू या पनीर पैटिज़ उपयोग कर सकते हैं ।

फार्महाऊस लेट्यूस रोल

सामग्री

आइसबर्ग लेट्यूस .... ८ पत्तियाँ
लहसुन .... १०-१२ कलियाँ
प्याज .... १ मध्यम आकार का
खरबूजे का बीज .... १ टेबलस्पून
तेल .... १ टी स्पून
चिकन कीमा .... ३०० ग्राम
ब्लैक बीन सॉस .... १ टेबलस्पून
नमक .... स्वादानुसार
शक्कर .... १/२ टी स्पून
कूटी हुई काली मिर्च......... स्वादानुसार

विधि

१. आइसबर्ग लेट्यूस पत्तियों को अच्छी तरह साफ करें और इसे बर्फ के पानी में रखें ।
२. लहसुन को छीलकर कूटें और फिर काट लें । प्याज को छीलकर धोलें और बारीक काट लें । खरबूजे के बीज को एक गर्म नॉन-स्टिक पैन में तब तक भूनें जब तक कि वह हल्का भूरा न हो जाए ।
३. एक नॉन-स्टिक पैन में तेल गर्म करें । उसमें लहसुन और प्याज को डालकर प्याज के मुलायम और पारदर्शक होने तक पकायें ।

४. इसमें चिकन कीमा को मिलाकर बराबर चलाते हुए तेज आँच पर तीन से चार मिनट तक पकायें ।

५. उसमें ब्लैक बीन सॉस, नमक, शक्कर और कूटी काली मिर्च को डालकर चलाते हुए अच्छी तरह मिलायें ।

६. चिकन कीमा के पूरी तरह पक जाने तक पैन को ढककर धीमी आँच पर पकायें । आँच पर से उतार लें । फिर भूने हुए खरबूजे की बी को डालकर अच्छी तरह मिला लें ।

७. लेट्यूस पत्तियों को बर्फ के पानी से बाहर निकालें । अतिरिक्त पानी को झटकते हुए सर्विंग डिश पर सजायें ।

८. प्रत्येक लेट्यूस पत्तियों पर दो-दो चम्मच चिकन कीमा को रखें और हल्के हाथों गोल कर लें । टूथपिक से अच्छी तरह बंद करें । तत्काल परोसें ।

चिकन सींख कबाब

सामग्री

चिकन कीमा (ब्रेस्ट का) .... 1/2 किलो
ताज़ा धनिया पत्ती .... 1/4 कप
हरी मिर्च २-३
अदरक .... १ इंच का टुकड़ा
लहसुन .... ४-६ कलियाँ
काजू................................. ८-१०
अंडे की जरदी (पीला हिस्सा) २
नमक .... स्वादानुसार
गरम मसाला पाउडर .... १ टी स्पून
सफेद मिर्च पाउडर............ १ टी स्पून
मक्खन .... २ टेबलस्पून
नींबू रस .... १ टेबलस्पून
चाट मसाला .... १ टी स्पून

विधि

१. धनिया की पत्तियों को साफ कर, धोकर बारीक काट लें । हरी मिर्च को धोकर, डंठल हटाते हुए मोटे टुकड़ों में काट लें । लहसुन और अदरक को छीलें और धनिया पत्ती एवं हरी मिर्च के साथ महीन पेस्ट बनालें । पानी न डालें ।

२. काजू को गर्म पानी में दस मिनट तक भिगोलें । पानी निकालकर महीन पेस्ट बना लें ।
३. अदरक, लहसुन, धनिया और हरी मिर्च के पेस्ट को काजू के पेस्ट तथा अंडे की जरदी के साथ मिलाकर फेटें । इसमें चिकन कीमा, नमक, गरम मसाला पाउडर और सफेद मिर्च पाउडर मिलाकर अच्छी तरह मिलायें । इसे संभव हो तो आधे घंटे तक रेफ्रिजरेटर में रखें ।
४. चिकन कीमा के मिश्रण को दस से बारह बराबर हिस्सों में बाँट लें । हथेली पर पानी लगायें । चिकन कीमा को हथेली पर फैलाकर सींक पर चार से पाँच इंच लंबे कबाब के आकार में लपेट लें ।
५. इसे मध्यम गर्म तंदूर में बीच-बीच में घुमाते हुए आठ से दस मिनट तक पकायें ।
६. पके कबाब को मक्खन से ब्रश करें । फिर एक मिनट के लिए तंदूर में और पकायें ।
७. इसे २२०° से. तक पहले से गर्म अवन में भी दस मिनट तक रखकर पकाया जा सकता हैं । मक्खन कबाब पर उपर से लगाकर और दो मिनट पकायें ।
८. पके तैयार कबाब पर नींबू का रस और चाट मसाला छिड़कें । गर्मागर्म परोसें ।

मेयोनिज़

सामग्री

अंडे की जरदी १
नमक .... स्वादानुसार
सफेद मिर्च पाउडर .... १/४ टी स्पून
फ्रेंच सरसों पाउडर........ १/४ टी स्पून
शक्कर .... १/४ टी स्पून
सिरका .... १ टी स्पून
तेल .... १ कप
नींबू का रस .... १ टी स्पून

विधि

१. एक साफ कटोरा लें । उसमें अंडे की जरदी, नमक, सफेद मिर्च पाउडर, सरसों पाउडर, शक्कर और सिरका डालकर अच्छी तरह मिक्स या हाथ से फेंटे या मिक्सर में डालकर ब्लेंड करें ।
२. उसमें फेंटते समय थोड़ासा तेल मिलायें और तेल के पूरी तरह मिल जाने तक फेंटते रहें ।
३. नींबू का रस मिलायें और नमक का स्वाद बराबर कर लें ।

शेजवान सॉस

सामग्री

हरी मिर्च २
हरा प्याज २
अरदक .... १ इंच का टुकड़ा
लहसुन .... १० कलियाँ
सेलरी .... २-३ इंच का डंठल
खड़ी लाल मिर्च १०-१२

तेल .... १/२ कप
वेजीटेबल स्टॉक या पानी ...... १/२ कप
टोमॅटो केचप .... ३ टेबलस्पून
नमक .... स्वादानुसार
सिरका .... २ टी स्पून

विधि

१. हरी मिर्च को डंठल हटाते हुए, बारीक काट लें ।
२. हरे प्याज को छीलकर धो लें और बारीक काट लें । इसमें कुछ हरी पत्तियां भी धोकर बारीक काट लें ।
३. अदरक को छीलकर, धोकर कस लें । लहसुन की दो कलियों को छीलकर बारीक काट लें ।

४. सेलरी के डंठल को धोकर छोटे-छोटे टुकड़ों में काट लें । खड़ी लाल मिर्च को एक कप पानी में पाँच से सात मिनट तक उबालें । बचे लहसुन को छीलकर रख लें ।
५. सभी लाल मिर्च और बचे लहसुन को पीसकर महीन पेस्ट बना लें ।
६. तेल गर्म करें । उसमें कटे लहसुन, हरी मिर्च, हरा प्याज और अदरक को डालें और एक मिनट के लिए भूनें ।
७. उसमें लाल मिर्च और लहसुन के पेस्ट को मिलालें और बराबर चलाते हुए भूनें ।
८. वेजीटेबल स्टॉक या पानी, सेलरी, टोमैटो केचप, नमक को उसमें मिलायें और चलाते हुए अच्छी तरह मिलालें । फिर सिरका और प्याज के हरे तने के टुकड़े को मिलालें ।
९. एक मिनिट तक उबलने दें । आँच पर से उतारें । ठंडा कर स्टोर कर लें ।

धनिया और पुदीना चटनी

सामग्री

ताज़ा धनिया पत्ती .... १ कप
ताज़ा पुदीना पत्ती .... १/२ कप
हरी मिर्च २-३
काला नमक .... स्वादानुसार
शक्कर .... १/४ टी स्पून
नींबू का रस .... १ टी स्पून

विधि

१. धनिया एवं पुदीना पत्तियों को साफ करें और धोकर मोटा काट लें ।
२. हरी मिर्च को डंठल हटाते हुए धो लें । बीज निकालें और काट लें ।
३. कटी धनिया पत्ती एवं पुदीना पत्तियों को कटी हरी मिर्च के साथ मिक्सर मे डालें । महीन पेस्ट बना लें । आवश्यक हो तो पानी डाल सकते हैं । मिक्सर से निकालकर उसमें नमक और शक्कर मिलालें ।
४. एक कटोरे में निकालें और उसमें नींबू का रस मिला लें ।
विकल्प : चाहे तो चटनी में दही मिला सकते हैं । (दो बड़े चम्मच चटनी में एक कप दही डालकर अच्छी तरह मिलायें)

पीनट योगर्ट डिप

सामग्री

दही .... २ कप
मुँगफली (भूना हुआ) .... १/४ कप
ताज़ा धनिया पत्ती .... २ टेबलस्पून
खड़ी लाल मिर्च........................ २
नमक .... स्वादानुसार
क्रीम .... १/४ कप

विधि

१. मलमल के कपड़े में दही को बाँधकर रातभर के लिए लटका दें ताकि पानी पूरी तरह निकल जाए। यह क्रिया रेफ्रिजरेटर में भी की जा सकती है। इससे दही ज्यादा खट्टा नही होगा।
२. धनिया पत्ती को धोकर साफ करें और बारीक काट लें।
३. मुँगफली के दाने को मोटा कूट लें। डंठल हटाते हुए लाल मिर्च को कूट लें।
४. एक कटोरा में दही को लेकर फेंटे ताकि यह मुलायम गाढ़े घोल में बदल जाए।
५. उसमें नमक, कूटी हुई लाल मिर्च, कूटा हुआ मुँगफली का दाना और कटी धनिया पत्ती और क्रीम मिलाकर अच्छी तरह फेटें।

चिकन स्टॉक

सामग्री

चिकन बोन्स	२०० ग्राम
प्याज	१ मध्यम आकार का
गाजर	१ मध्यम आकार का
सेलरी	१ डंठल
लीक	१
पार्सले	२-३ डंठल
काली मिर्च	६-७
लौंग	५-६
तेज़पत्ता	१

विधी

१. बोन्स को धोकर साफ करें । यदि चर्बी लगी हो तो हटा दें । एक पैन में उबलने तक पानी गर्म करें । उसमें हड्डियों को डालें और पाँच मिनट तक उबालें । पानी निकालकर हड्डियों को बाहर करें ।

२. प्याज को छीलकर धो लें और उसे चार टुकड़ों में काटें । गाजर को धोकर तीन बड़े टुकड़ों में काट लें । सेलरी, लीक और पार्सले के डंठल को धोकर दो इंच के टुकड़े में काट लें । लीक की पत्तियों को धो लें ।

३. एक गहरे पैन में दस कप पानी डालें । उसमें बोन्स, प्याज, गाजर, सेलरी, पार्सले, लीक, लीक की पत्तियाँ, काली मिर्च, लौंग और तेज़पत्ता डालकर गर्म करें । पानी को उबलने दें । उबलते समय कुछ झाग उपर आ रहा हो तो उसे निकाल दें और थोड़ा ठंड़ा पानी डालें । धीमी आँच पर एक घंटे के लिए उबलने दें ।

४. आँचपर से उतारें । ठंड़ा होने दें और आगे उपयोग के लिए रेफ्रिजरेटर में रखें ।